Mathias Obermaier

Mezzanine-Kapital. Die (bilanz-) steuerliche Behandlung von Genussrechten

Sind die neuen Regelungen vom 12.05.2016 zulässig?

AF157338

Bibliografische Information der Deutschen Nationalbibliothek:

Die Deutsche Nationalbibliothek verzeichnet diese Publikation in der Deutschen Nationalbibliografie; detaillierte bibliografische Daten sind im Internet über http://dnb.d-nb.de abrufbar.

Impressum:

Copyright © Studylab

Ein Imprint der Open Publishing GmbH

Druck und Bindung: Books on Demand GmbH, Norderstedt, Germany

Coverbild: Open Publishing | Freepik.com | Flaticon.com | ei8htz

Inhaltsverzeichnis

Abkürzungsverzeichnis

AktG	Aktiengesetz
Aufl.	Auflage
BFH	Bundesfinanzhof, Bundesfinanzhof
BGB	Bürgerliches Gesetzbuch
BGBl	Bundesgesetzblatt
BGH	Bundesgerichtshof
BMF	Bundesfinanzministerium
BStBl.	Bundessteuerblatt
d.h.	das heißt
Diss.	Dissertation
EBITDA	earnings before interest, taxes, depreciation and amortization
EStG	Einkommensteuergesetz
EUR	Euro
GoB	Grundsätze ordnungsgemäßer Buchführung
HFA	Hauptfachausschuss
HGB	Handelsgesetzbuch
Hrsg.	Herausgeber
i.S.d.	im Sinne des
IDW	Institut der Wirtschaftsprüfer
IFRS	International Financial Reporting Standards
Kap.	Kapitel
KStG	Körperschaftsteuergesetz
KWG	Kreditwesengesetz
Mrd.	Milliarden
NRW	Nordrhein-Westfalen
o.V.	ohne Verfasser
OFD	Oberfinanzdirektion

RFH	Reichsfinanzhof
Rn	Randnummer
RStBl.	Reichssteuerblatt
SteuK	Steuerrecht Kurzgefasst (Zeitschrift)
StuB	Steuern und Bilanzen (Zeitschrift)
u.a.	unter anderem
VAG	Versicherungsaufsichtsgesetz
VermBG	Vermögensbildungsgesetz
z.B.	zum Beispiel
ZR	Zentralregister
zugl.	zugleich

1 Einleitung

Bilanzen sind eigentlich überflüssig: Das Ergebnis ist immer bekannt, die Passiva sind so groß wie die Aktiva.[1]

Auch wenn dieses Zitat einen Funken Wahrheit enthält, so ist die Analogie nicht stimmig. In der heutigen Zeit spielen Bilanzen eine herausragende Rolle im Handels- ebenso im Steuerrecht. Wie wichtig Bilanzen für eine saubere Abgrenzung in der Steuerberatungspraxis sind, zeigt auch diese Abschlussarbeit.

1.1 Problemstellung

Den Anlass für diese Abschlussarbeit gab das Schreiben vom 12.5.2016 Körperschaftsteuerliche Behandlung von Genussrechten, der OFD Nordrhein-Westfalen.

Diese Stellungnahme sorgte für einigen Wirbel und wird in dieser Arbeit eine gewichtige Rolle spielen.

Hierbei wird bei Eigenkapitalgenussrechten erstmals auf den § 8 Abs. 3 Satz 1 KStG abgestellt, sowie auf die aufgestellten Kriterien des IDW 1/1994 zum Thema Genussrechte. Insbesondere die damit verbundene Verschärfung der Abzugsfähigkeit der Ausschüttungen sorgt für Aufsehen.

Motivierend kam hinzu, dass in den letzten Jahren die Behandlung von Genussrechten, in der Literatur höchstens ein Randthema war. Höchste Zeit, das Thema Mezzanine-Kapital (ausführliche Definition siehe Kap 2.3) und insbesondere dabei die Genussrechte, genauer zu betrachten. Dabei wird in Kapitel Zwei ein grundsätzlicher Blick auf Mezzanine-Kapital geworfen und theoretische Fragen geklärt, sowie auf die verschiedenen Ausgestaltungsmöglichkeiten von Mezzaninen Finanzierungen eingegangen.

In Kapitel Drei wird dann speziell auf das Thema Genussrechte Bezug genommen. Hier wird ein besonderer Fokus auf die handelsrechtliche Abgrenzung zwischen Eigen- und Fremdkapital gelegt. Zudem wird insbesondere die Problemstellung behandelt, ob der § 8 Abs. 3 KStG das Maßgeblichkeitsprinzip durchbricht.

---

[1] o.V.

1.2 Zielsetzung und Methodik

Ziel dieser Arbeit ist, eine wissenschaftlich fundierte Abhandlung über die (bilanz-) steuerliche Behandlung von Mezzanine-Kapital zu geben, wobei der Fokus auf die Genussrechte gerichtet ist.

Dabei werden zuerst die Untersuchungsbegriffe definiert, dann inhaltlich abgegrenzt. Unter Einbeziehung des relevanten Schrifttums sowie gesetzlicher Bestimmungen und der Rechtsprechung wird das Schreiben der Finanzverwaltung vom 12.5.2016 kritisch auf ihre Rechtmäßigkeit überprüft.

Ziel ist es, auch eine strukturierte Begründung abzuliefern, warum aus meiner Sicht die gesetzlichen Regelungen eine Überarbeitung benötigen. Methodisch kommt dabei eine umfangreiche Literaturrecherche unter Einbezug der Meinung von Experten zum Einsatz.

Auf Grund fehlender, umfangreicher gesetzlicher Regelungen und der mannigfaltigen Ausgestaltungsmöglichkeiten, werden auch Stellungnahmen der Finanzverwaltung betrachtet

Im abschließenden Fazit werden die gewonnenen Erkenntnisse zusammengefasst und mit meiner persönlichen Meinung abgerundet. Dabei wird auch die Forschungsfrage geklärt, ob das Schreiben der OFD Nordrhein-Westfalen vom 12.5.2017 aus bilanz- und steuerrechtlicher Sicht korrekt ist.

1.3 Brisanz und aktuelle Situation

Seit den Fünfzigerjahren entwickelte sich Mezzanine-Kapital in Großbritannien und den USA zu einem wichtigen Finanzinstrument, während in Deutschland das Thema eher eine Nische besetzte. Wenn es zur Geltung kam, dann am Ehesten im Rahmen von Buy-Out-Finanzierungen, also einer Übernahme der Firma durch die Geschäftsleitung, vor allem bei Großprojekten oberhalb der 100 Millionen. Durch den starken Wandel im Bereich der Finanzierung, insbesondere durch Einführung von BASEL (Eigenkapitalvereinbarungen Empfehlung des Basler Ausschusses) und der damit einhergehenden strengeren Regulierung, versuchten Unternehmen die Basis für Eigenkapital zu verbessern.[2]

---

[2] Vgl. Werner (2007), S. 73

Das Management verfügt bei Buy Out-Finanzierung meist nicht über die finanzielle Grundlage, um eine Stimmenmehrheit zu erreichen. Der Zugang zu Fremdkapital ist oft beschränkt. Zur Schließung dieser Lücke bietet sich Mezzanine-Kapital an.[3] Die Verschärfungen des Nachfolgers BASEL II führen zu einer verstärkten Risiko-orientierung der Eigenmittelunterlegung bei Banken, mit der Folge von schlechteren Konditionen für mindere Bonitäten, bis hin zur Verweigerung einer Darlehensvergabe.[4]

Große Aufmerksamkeit erlangten Mezzanine-Finanzierungen deutschlandweit in den Jahren 2004 bis 2007. Eine große Anzahl von Mittelständlern nahm Kapital im Umfang von rund EUR 5 Mrd. auf. Durch das Aufkommen der Finanzkrise im Jahre 2007 kam das Geschäft zum Erliegen.[5]

In den Fokus der Öffentlichkeit gerieten Genussrechte (ausführliche Definition siehe Kap. 3.1), Anfang des Jahres 2014 mit der Insolvenz des Windanlagenbetreibers Prokon. Bei dieser verloren vor allem Privatanleger mehr als 40 Prozent ihres Kapitaleinsatzes, der EUR 1,4 Mrd. schweren Anlage.[6]

In den letzten Jahren sind Mezzanine Finanzierungsinstrumente immer mehr in den Fokus der Öffentlichkeit gerückt. Davor waren diese eher ein Thema für Spezialisten.[7]

Der Immobilienboom in Deutschland sorgt für eine Rückkehr zu Mezzanine-Kapital. Dadurch werden Beleihungen von Gebäuden von bis zu 97 Prozent der Investitionskosten möglich. Von dieser Option durch Nachrangkapital, die Beleihungsquote zu erhöhen, machen die Planer starken Gebrauch. Im Jahre 2016 wurden über EUR 1 Mrd. in Mezzanine Finanzierungsinstrumente gesteckt, um Projekte im Gesamtwert von über EUR 7,4 Mrd. zu ermöglichen. In der Tendenz lässt sich dabei eine klare Zunahme erkennen.[8]

---

[3] Vgl. Briesemeister (2006), S. 39
[4] Vgl. Briesemeister (2006), S. 36–37
[5] Vgl. Hellfritsch (2016)
[6] Vgl. Hennersdorf (2017)
[7] Vgl. Wöhe/Bilstein/Ernst/Häcker (2013), S. 226
[8] Vgl. Hellfritsch (2016)

2 Theoretische Grundlagen – Mezzanine-Kapital

2.1 Abgrenzung Eigenkapitalfinanzierung

Zunächst ist es notwendig, sich einen Überblick über die grundsätzlichen Eigenschaften der reinen Finanzierungsformen zu verschaffen. Dies ermöglicht ein Verständnis für die danach folgenden Besonderheiten von Mezzanine-Kapital.[9]

In ihrer reinen Form haben Eigenkapitalfinanzierungen verschiedene Merkmale.

Erstens sind die Investoren Eigenkapitalgeber und haben damit einen Anspruch auf Beteiligung am Gewinn, zweitens bei Liquidation einen Anspruch auf Beteiligung am Unternehmenswert. Ein weiteres Merkmal ist der damit verbundene Einfluss auf die Geschäftsleitung, sowie die Mithaftung für Fremdkapitalrisiken. Ein letztes Merkmal ist, dass das Kapital unbefristet zur Verfügung gestellt wird. [10]

2.2 Abgrenzung Fremdkapitalfinanzierung

Der Gegensatz zu Eigenkapitalfinanzierungen sind Fremdkapitalfinanzierungen. Hierbei erfolgt kein Erwerb von Eigentum, sondern der Investor ist reiner Gläubiger. Zudem haftet der Kreditgeber nicht für Verluste oder andere Verbindlichkeiten. Dem Investor stehen auch keinerlei Mitspracherechte oder Verwaltungsrechte zu. Die vereinbarte Zinszahlung ist unabhängig vom Ergebnis zu entrichten. Fremdkapital ist befristet und es wird am Ende der Laufzeit zum Nominalbetrag zurückgezahlt. Der Gläubiger hat bei einer Insolvenz Vorrang vor den Eigentümern bei der Verteilung der Insolvenzmasse.[11]

2.3 Eigenschaften von Mezzanine-Finanzierung

Mezzanine-Finanzierung bietet für unterschiedliche Finanzierungssituationen, je nachdem welche Ziele verfolgt werden, unterschiedliche Lösungen. Eine Strukturierung kann eigenkapitalnah (equity) hybrid oder fremdkapitalnah (dept) strukturiert werden.[12] Diese Arten werden in Kap 2.5 noch genauer erklärt.

---

[9]   Vgl. Wöhe/Bilstein/Ernst/Häcker (2013), S. 214

[10] Vgl. Wöhe/Bilstein/Ernst/Häcker (2013), S. 214

[11] Vgl. Wöhe/Bilstein/Ernst/Häcker (2013), S. 214

[12] Vgl. Wöhe/Bilstein/Ernst/Häcker (2013), S. 213

2.3.1 Einbettung in die Bilanz

Mezzanine (italienisch: mezzanino = mittlerer) stammt eigentlich aus dem Italienischen und stellt aus Sicht der Architektur das Zwischengeschoss eines Gebäudes dar. Ebenso ist es in der Bilanz ein Mittelstück; Mezzanine steht hierbei zwischen Eigen- und Fremdkapital.[13] Insofern ist es eine gute Metapher für diese Art der Finanzierung.[14]

Mezzanine-Kapital dient in erster Linie dem Zweck die Lücke zwischen Eigen- und Fremdkapital zu schließen. Die Beweggründe hierfür sind unterschiedlich. Die Anforderungen an die Kreditgewährung sind in den letzten Jahren strenger geworden. Eine Neuaufnahme von Gesellschaftern ist aber vielfach nicht erwünscht, da diese über ein Mitspracherecht im Unternehmen verfügen würden. Zusätzlich lässt sich mit Mezzanine leichter Kapital für Restrukturierung oder Sanierung generieren.[15]

In der Literatur wird Mezzanine nicht als eigenes Finanzierungsinstrument, sondern vielmehr als eine Finanzierungsart beschrieben.[16] So kann Mezzanine-Kapital als Vokabel für eine Reihe von Finanzierungsinstrumenten genutzt werden, z.B. für Wandelanleihen oder Nachrangdarlehen.[17]

Eine abschließend genaue Definition von Mezzanine-Kapital lässt die derzeit herrschende Literatur vermissen. Das liegt auch an den vielen möglichen Variationen, die Mezzanine Finanzinstrumente mit sich bringen.[18]

Mezzanine Finanzierungsinstrumente kommen oftmals zum Einsatz, wenn die klassische Finanzierung, wie z.B. der Bankkredit, verweigert wird. Investoren versprechen sich von solchen Investitionen eine höhere Rendite.[19]

Eine Besicherung von Genussrechten, wie allgemein bei Mezzanine-Finanzierungen ist möglich, aber in den meisten Fällen nicht sinnvoll, da auf Grund des Nachranges, bei einer Insolvenz mit keiner weiteren Einnahme mehr zu rechnen ist.[20]

---

[13] Vgl. Wöhe/Bilstein/Ernst/Häcker (2013), S. 212

[14] Vgl. Briesemeister (2006), S. 14

[15] Vgl. Werner (2007), S. 23–24

[16] Vgl. Müller-Känel (2004), S. 56

[17] Vgl. Wöhe/Bilstein/Ernst/Häcker (2013), S. 215

[18] Vgl. Müller-Känel (2004), S. 15

[19] Vgl. Schramm (2008), S. 19

[20] Vgl. Schramm (2008), S. 36

Die Besonderheiten von Mezzanine-Kapital liegen im Wesentlichen darin, dass es keine genau definierten Abgrenzungskriterien zwischen Eigen- und Fremdkapital gibt. Trotzdem sind im Handelsrecht die Demarkationslinien relativ klar geregelt. Das Steuerrecht definiert für eine objektivere Zuordnung seine eigenen Kriterien.[21]

Bei Mezzaninen-Instrumenten herrscht ein großer Gestaltungsspielraum, deswegen lassen sich, die verschiedenen Typen nicht einheitlich klassifizieren. Es gibt aber einige kennzeichnende Merkmale, die Mezzanine-Finanzierungen ausweisen. Diese sind:

- die Stellung zwischen Eigen- und Fremdkapital mit der grundsätzlichen Ausrichtung die Eigenkapitalbasis zu festigen
- Nachrang in Bezug auf Fremdkapitalgläubiger aber Vorrang vor den "echten" Eigenkapitalgläubigern
- längerfristige Kapitalüberlassung
- keine Verwässerung der Stimmrechte der bestehenden Gesellschafter

Der entscheidende Faktor bei Mezzanine-Kapital ist aber die höhere Vergütung für die Kapitalbereitstellung durch den Investor, im Vergleich zu einer reinen Fremdkapitalfinanzierung. Oftmals gibt es zusätzlich noch eine erfolgsabhängige Komponente.[22]

Stamm- sowie Grundkapital oder gesetzliche Rücklagen dürfen grundsätzlich nicht dazu verwendet werden Mezzanine-Kapital zu bedienen. Gleichgültig welche Art von Mezzanine-Finanzierung gewählt wurde.[23]

Für einen Abzug der Vergütungen auf Mezzanine-Kapital ist daher eine Verbuchung als Fremdkapital nötig. Bilanziell gesehen wird aber versucht das eigentliche Fremdkapital, möglichst nah am Eigenkapital zu platzieren, um eine Verbesserung des Ratings zu erreichen und somit günstigere Finanzierungskonditionen zu sichern.[24]

---

[21] Vgl. Lühn (2013), S. 129
[22] Vgl. Werner (2007), S. 22
[23] Vgl. Schramm (2008), S. 50
[24] Vgl. Schramm (2008), S. 47

Typisches Mezzanine-Kapital strebt kein Mitspracherecht des Investors an. Der entscheidende Grund dafür ist die Abzugsfähigkeit der Finanzierungskosten.[25]

Bei der bilanziellen Zuordnung von Mezzanine-Kapital sind deshalb in erster Linie der Steuerberater aber auch die Wirtschaftsprüfer gefragt.[26]

2.3.2 Vorteile

So gesehen bietet Mezzanine-Kapital eine Reihe von Vorteilen:

- Die Abzugsfähigkeit der Vergütungen der Kapitalgeber als Betriebsausgabe
- Günstigere Finanzierungsbedingungen als bei Eigenkapital
- Auf Dauer ausgelegte Bereitstellung von Kapital
- In den meisten Fällen unbesichert
- Anteile der Inhaber werden nicht verwässert da kein Mitspracherecht vorgesehen ist
- Bei Einstufung als Eigenkapital bessere Bonität
- Keine Belastung der Cash-Flows während der Laufzeit da die Rückzahlung erst am Ende der Laufzeit erfolgt
- Flexible Vergütungsstrukturen individuelle Abreden z.B. bei Laufzeit, Kündigung oder Rückzahlung möglich
- Im Gegensatz zu reinem Eigenkapital Begrenzung der Ausschüttung durch vorher definierte Vergütung
- Mezzanine-Finanzierung ist auch in Krisenzeiten möglich im Gegensatz zu z.B. einem Börsengang [27]

2.3.3 Nachteile

Bei allen Vorteilen sollten die Nachteile nicht übersehen werden. Die vertraglichen Verpflichtungen sind im Gegensatz zu Fremdkapital oft äußerst streng formuliert. Um diese Verpflichtung reibungslos zu erfüllen sind stabile Kapitalflüsse nötig. Auch können auf den Emittenten versteckte Gebühren hinzukommen. Darunter

---

[25] Vgl. Schramm (2008), S. 48
[26] Vgl. Schramm (2008), S. 47
[27] Vgl. Sultana/Willeke (2006), S. 221

fallen z.B. Abschlussprovisionen oder jährliche Ratinggebühren. Dazu kommen die höheren Zinsen im Vergleich zu Fremdkapital.[28]

Wie bei jeder Anlageform darf dabei das Risiko nicht vergessen werden. Mezzanine-Kapital muss im Ernstfall der Verlustdeckung dienen. Abhängig von der Gestaltung kann dies bis zu einem Totalverlust führen. Es kann aber eine quotale Beteiligung vereinbart werden, um das Risiko zu mindern.[29]

2.3.4 Einbettung in das Steuerrecht

Angestrebt wird dabei ein möglichst vollständiger Abzug von Zinszahlungen als Betriebsausgaben, um das relevante steuerliche Ergebnis zu mindern, was im Endeffekt eine niedrigere Steuerbelastung nach sich zieht.

Je nach Ausgestaltung der Mezzanine-Finanzierung werden dabei auch die Cashflows geschützt, da oftmals Tilgungen oder Ertragsanteile im hohen Ausmaß zum Ende der Laufzeit ausgeschüttet werden. Bei reinen Fremdkapitalfinanzierungen ist die Rückzahlung üblicherweise gleichmäßig auf die Laufzeit verteilt. Die bessere Vergütung von Mezzanine-Kapital wurde bereits oben genannt. Für den Emittenten ist, die Mezzanine aber durch die Zwitterstellung günstiger als reines Eigenkapital, während das reine Fremdkapital deutlich teurer ist.

Als Erfolgskennzahl für die Ausschüttung, werden oftmals nicht der Steuerbilanzgewinn, sondern das Ergebnis z.B. einzelner Einheiten oder Projekte herangezogen. [30]

2.3.5 Optimales Mezzanine-Kapital

Die Literatur beschreibt das optimale Mezzanine-Kapital als sogenanntes „magische Fünfeck". Die bestmöglichen Kriterien wären demnach:

1. eine Pufferfunktion zum Eigenkapital, da Mezzanine- Finanzierung im Nachrang steht
2. ein Zuwachs an handelsrechtlichem Eigenkapital
3. eine erfolgsabhängige Vergütung
4. steuerlich optimiert durch Abzug der Vergütung als Betriebsausgabe

---

[28] Vgl. Sultana/Willeke (2006), S. 221–222
[29] Vgl. Schramm (2008), S. 50
[30] Vgl. Wöhe/Bilstein/Ernst/Häcker (2013), S. 215

5. keine Einflussnahme bei den Kapitalgebern

Das perfekte Mezzanine-Kapital gibt es nicht, je nach Situation muss dies aber individuell dem Zweck angepasst werden.[31]

2.4 Grundsätzliche (bilanz-) steuerrechtliche Einordnung

Da Mezzanine-Kapital gesetzlich nicht geregelt ist, wurden die Kriterien zur Beurteilung, ob Genussrechte nach deutschem Handelsrecht Eigen- oder Fremdkapital sind, durch die Stellungnahme 1/1994 des Hauptfachausschusses des Instituts für Wirtschaftsprüfer e. V. (IDW HFA 1/1994) vollzogen. [32]

Ursprünglich wurde IDW HFA 1/1994 für Genussrechte aufgestellt, doch diese Trennlinien sind nach allgemeiner Auffassung nicht auf diesen Typus beschränkt, sondern für die Beurteilung von Mezzanine-Kapital im Allgemeinen geeignet.[33]

Die konkrete Zuordnung, muss jeweils im Einzelfall getroffen werden. Durch die vielen unterschiedlichen Ausgestaltungen, ist dies unter Umständen ein komplexer Vorgang.[34]

Grundsätzliche Kriterien für Equity Mezzanine-Kapital sind:

- Langfristigkeit
- Nachrangigkeit
- Erfolgsabhängigkeit der Vergütung
- Teilnahme am Verlust [35]

2.5 Arten von Mezzanine

2.5.1 Equity Mezzanine

Diese die in Kapitel 2.4 genannten Kriterien werden vom Schrifttum gedeckt und lassen sich nach herrschender Meinung auf andere Mezzanine-Finanzierungen

---

[31] Vgl. Wöhe/Bilstein/Ernst/Häcker (2013), S. 215
[32] Vgl. Schramm (2008), S. 47
[33] Vgl. Wegner (2017), S. 55
[34] Vgl. Schramm (2008), S. 47
[35] Vgl. IDW (1994) S. 422, Nohtse (2012), S. 19

übertragen. Sind die Voraussetzungen erfüllt, ist eine Zuordnung zum Eigenkapital möglich. [36]

Daraus entsteht dann das sogenannte Equity-Mezzanine, welches dem Eigenkapital nah, in seiner Struktur aber Fremdkapital ist. [37]

Soweit Mezzanine-Kapital die Zuordnungskriterien kumulativ erfüllt und es damit die Haftungsqualität von Eigenkapital erreicht, wird es innerhalb des Eigenkapitals in einer gesonderten Position und unter einer gesonderten Bezeichnung ausgewiesen. Hierbei kann die Position nach dem gezeichneten Kapital, den Kapitalrücklagen oder als letzter Posten des Eigenkapitals eingefügt werden. [38]

Typische Formen für Equity Mezzanine sind insbesondere, das Genussrecht, sowie die atypisch stille Beteiligung. [39]

2.5.2 Dept Mezzanine

Der Standardfall ist Mezzanine-Kapital mit fremdkapitalnaher Ausrichtung. Bilanziell wird sogenanntes Dept Mezzanine dem Fremdkapital zugeordnet. Eine Verbesserung des Ratings oder der Bonität ist somit nicht möglich. [40]

Klassiker für eine Fremdkapitalausrichtung sind u.a. Nachrangdarlehen oder typisch stille Beteiligungen. Diese zeichnen sich besonders durch feste Vergütung und eine regelmäßige, teilweise endfällige Ausschüttung aus.[41]

Wird Mezzanine-Kapital bilanziell als Fremdkapital eingestuft, sind Ausschüttungen als Zinsaufwand auszuweisen. [42]

Neben dem Abzug der Aufwendung für Ausschüttungen verfügt Dept Mezzanine über einige weitere Vorteile. Zu nennen ist die flexible Ausgestaltung im Gegensatz zur reinen Fremdfinanzierung. [43]

---

[36] Vgl. Werner (2007), S. 28–29
[37] Vgl. Schramm (2008), S. 48
[38] Vgl. Sultana/Willeke (2006), S. 222
[39] Vgl. Franz/Hötzinger/Mangels (2007), S. 16
[40] Vgl. Werner (2006), S. 93
[41] Vgl. Franz/Hötzinger/Mangels (2007), S. 19
[42] Vgl. Sultana/Willeke (2006), S. 223
[43] Vgl. Sultana/Willeke (2006), S. 225

2.5.3 Hybrid Mezzanine

Bisher gibt es für Hybrid-Mezzanine keine übereinstimmende Definition. Teils werden alle Formen von Mischfinanzierungen sinngleich verwendet. Die Literatur beschreibt Hybride aber als Instrumente, die sich bilanziell sowohl in einen Eigen- als auch Fremdkapitalanteil aufspalten lassen.[44]

Hybride Formen von Mezzanine-Kapital sind Zwischenformen von Eigen- und Fremdkapital. Dazu zählen in erster Linie Wandel- und Optionsanleihen.[45]

Ohne das Umtauschrecht einer Wandel- oder Optionsanleihe gleicht diese einer normalen Schuldverschreibung. [46]

Durch ihre spezielle Konstruktion berechtigen Wandel- und Optionsanleihen den Anleihehaltern, Fremdkapital zu einem bestimmten Zeitpunkt in Eigenkapital umzuwandeln, um damit Gesellschafter des Emittenten zu werden. Geregelt sind die Grundformen in §221 AktG.[47]

2.5.4 Steuerliche Behandlung

Dabei muss beachtet werden, dass die handelsrechtliche sowie ratingmäßige Einordnung oft ein Indiz ist, für die steuerliche Handhabung. Deshalb ist es mitunter möglich, dass Mezzanine-Kapital handelsrechtlich Eigenkapital darstellt, steuerrechtlich aber Fremdkapital ist.[48]

Unumgänglich ist dabei die bilanzielle Abgrenzung, da nur Zahlungen auf Fremdkapital die steuerliche Bemessungsgrundlage senken. [49]

Ist die handelsrechtliche Bilanzierung geklärt, stellt diese normalerweise die Grundlage für die Steuerbilanz dar. Solange es keine andere gesetzliche Regelung gibt, gilt der Maßgeblichkeitsgrundsatz gemäß § 5 Abs. 1 EStG, also die Grundsätze ordnungsgemäßer Buchführung (GoB). Da diese Mezzanine-Kapital nicht eindeutig klassifizieren, wurden im Steuerrecht eigene Regelungen getroffen. [50]

---

[44] Vgl. Werner (2007), S. 60–61
[45] Vgl. Franz/Hötzinger/Mangels (2007), S. 23
[46] Vgl. Werner (2006), S. 111
[47] Vgl. Werner (2007), S. 60
[48] Vgl. Schramm (2008), S. 60
[49] Vgl. Lühn (2013), S. 129
[50] Vgl. Nohtse (2012), S. 22

Wenn Mezzanine-Kapital bilanziell gesehen dem Eigenkapitalkapital ähnelt, kann es durch entsprechende Ausgestaltung trotzdem zu steuerlichem Fremdkapital werden. Der große daraus resultierende Vorteil ist die Abzugsfähigkeit der Ausschüttung als Betriebsausgaben. So kann die steuerliche Belastung gesenkt werden. [51]

Was die Abgrenzung zwischen Eigen- und Fremdkapital anbelangt, finden sich indes viele eigenständige steuerrechtliche Vorschriften, die ein analoges Vorgehen zum Handelsrecht verhindern. Besonders zu nennen ist dabei der § 8 Abs. 3 KStG. [52]

Ein Musterbeispiel für Mezzanine-Finanzierung wäre es, steuerbilanzielles Fremdkapital und handelsrechtliches Eigenkapital zu generieren.[53]

Durch die Mannigfaltigkeit der Ausgestaltungen von Mezzanine-Kapital, kann ohne eine genaue Betrachtung des Instrumentes keine Aussage über deren Behandlung getroffen werden. Deshalb ist es entscheidend, bereits bei der Strukturierung von Mezzanine-Finanzierung den jeweiligen Zweck genau zu bestimmen.

---

[51] Vgl. Werner (2007), S. 25
[52] Vgl. Lühn (2013), S. 129
[53] Vgl. Lühn (2013), S. 29

3 Einordnung des Genussrechtskapitals

Das Schrifttum beschreibt Genussrechte als schuldrechtlich begründete Vermögensrechte, bei dem Kapital dem Genussrechtsemittenten überlassen wird.[54]

Werden Genussrechte als Wertpapiere verbrieft, ändert sich die Bezeichnung in Genussscheine. [55]

Genussrechte sind eine spezielle Ausprägung von Mezzanine-Kapital. In letzter Zeit beschäftigte sich das Schrifttum, abgesehen von Spezialfällen, wenig mit Genussrechten. Mit der Verfügung der OFD Nordrhein-Westfalen vom 12.5.2016 hat sich das geändert. [56]

3.1 Begriffserklärung

Genussrechte sind grundsätzlich rein schuldrechtlicher Natur. Dies zeigt sich meist durch gewinnabhängige Gläubigerrechte. Dabei sind Genussrechte nicht auf eine bestimmte Gesellschaftsform beschränkt. Juristische Personen können ebenso wie Personengesellschaften Genussrechte begeben. Die Ausgestaltung ist eigenkapitalnah, ebenso möglich wie fremdkapitalnah. In der Praxis gibt es sowohl standardisierte, als auch individuelle Genussscheinprodukte.[57]

Während der Begriff des Genussrechts Eingang in Gesetze gefunden hat. Zu nennen sind das Aktiengesetz (§§ 160 Abs. 1 Nr. 6, 221 Abs. 3 AktG) aber auch in den öffentlich-rechtlich orientierten Aufsichtsgesetzen (§ 10 Abs. 5 KWG, § 53c Abs. 3a VAG), in den Steuergesetzen (§ 20 Abs. 1 Nr. 1 Satz 1 EStG, § 8 Abs. 3 Satz 2 KStG) und im Vermögensbildungsgesetz (§ 2 Abs. 1 Nr. 1 Buchstabe f) Fünftes VermBG) ist das Genussrecht zu finden. Eine genaue gesetzliche geregelte Definition fehlt aber. [58]

Grundsätzlich können Genussrechte von begrenzter oder unbegrenzter Laufzeit emittiert werden, ein gutes Beispiel dafür sind Projekte für regenerative Energien. Dabei werden die Vergütungen individuell angepasst. [59]

---

54 Vgl. Kusch (2016), S. 1952
55 Vgl. Wegner (2017), S. 19
56 Vgl. Hoffmann (2016), S. 761
57 Vgl. Wöhe/Bilstein/Ernst/Häcker (2013), S. 217
58 Vgl. Lühn (2013), S. 40
59 Vgl. Lühn (2013), S. 36

Zunächst ist dabei eine grundsätzliche Abgrenzung vom partiarischen Darlehen sowie der stillen Beteiligung zu treffen, da diese sich in der Gestaltung sehr ähnlich sind. Ein partiarisches Darlehen enthält zwar eine erfolgsabhängige Komponente, schließt aber im Gegensatz zum Genussrecht eine Verlustbeteiligung aus (vgl. BFH-Urteil vom 22.6.2010 - I R 78/09). Bei der stillen Beteiligung gibt ein verwaltungsrechtliches Mitspracherecht der Gesellschafter (vgl. BFH-Urteil vom 19.10.2005 - I R 48/04). Besonders zur stillen Beteiligung ist aber eine Abgrenzung zum Genussrecht in Grenzfällen oft nicht eindeutig. [60]

Die Vermutung liegt nahe, die fehlende gesetzliche Definition als Versäumnis des Gesetzgebers zu interpretieren. Doch wollte die Legislative, bei der Entstehung des Aktiengesetzes 1937, die Auslegung explizit der Praxis überlassen. Eine fehlende Legaldefinition bedeutet aber im Umkehrschluss nicht, dass Genussrechtsemittenten keine Grenzen gesetzt sind.[61]

Ein weiterer Grund wäre, dass massiv in die Gliederungssystematik der Handelsbilanz eingegriffen werden müsste. Die Konsequenzen sind nicht abzusehen und daher nicht gewünscht.[62]

Eine Besicherung von Genussrechten ist wie allgemein bei Mezzanine-Finanzierungen möglich, aber in den meisten Fällen nicht sinnvoll, da auf Grund des Nachranges, bei einer Insolvenz mit keiner weiteren Einnahme mehr zu rechnen ist.[63]

Der Einsatz von Genussrechten dient dazu, das Kapital einer Gesellschaft zu stärken oder zu erhalten. Folgende spezielle Einsatzgebiete von Genussrechtskapital haben sich in den letzten Jahren herausgebildet:

- Unternehmensfinanzierung
- Projektfinanzierung
- Mitarbeiterbeteiligung
- Management Buy-Out bzw. Management Buy-In und
- Unternehmenssanierung [64]

---

[60] Vgl. Kusch (2016), S. 1953
[61] Vgl. Dross (1996), S. 2
[62] Vgl. Hoffmann (2016), S. 761
[63] Vgl. Schramm (2008), S. 36
[64] Vgl. Lühn (2013), S. 33

3.2 Rechtsfragen

Grundsätzlich ergibt sich die Pflicht zur Bilanzierung aus §290 HGB, wobei Unternehmen die nicht kapitalmarktorientiert sind einen Konzernabschluss im Sinne von §315a HGB aufstellen können.[65]

Um dabei Genussrechte korrekt zu bilanzieren ist die Stellungnahme des IDW HFA 1/1994 für Genussrechte die handelsrechtliche Vorgabe. Diese Verlautbarung beschränkt sich nach herrschender Meinung nicht nur auf Genussrechte, sondern gilt für Mezzanine-Kapital im Allgemeinen. Dadurch herrscht bezüglich des handelsbilanziellen Ausweises relative Klarheit. Auch das Schrifttum ist sich dabei weitestgehend einig, diese Kriterien anzuwenden. [66]

Das IDW HFA beschreibt die folgenden vier Kategorien, die zwingend für eine Bilanzierung als Eigenkapital gegeben sein müssen. Dies trifft in besonderer Weise auf Genussrechte zu. [67]

(1) Nachrangigkeit

Als erstes zwingendes Eigenkapitalkriterium beschreibt das IDW die Nachrangigkeit des überlassenden Kapitals. Die Genussrechte sind somit dementsprechend auszugestalten, dass der Kapitalgeber erst Rückzahlungsansprüche anmelden kann, wenn alle Ansprüche der Fremdkapitalgeber befriedigt sind. Bei Genussrechten sind solche Regelungen vertraglich festzuschreiben, z.B. durch eine Rangrücktrittserklärung.[68]

(2) Erfolgsabhängige Vergütung

Der zweite Punkt um eine Einordnung zum Eigenkapital zu erreichen ist, die erfolgsabhängige Vergütung. Dieser Punkt ist allerdings durchaus strittig. Rechtlich unproblematisch sind aber Ausschüttungen, die an den Bilanzgewinn geknüpft sind. Zu prüfen ist, ob überhaupt freies Eigenkapital zur Verfügung steht, da die gesetzlichen Kapitalerhaltungsregelungen nicht verletzt werden dürfen. Die

---

[65]   Vgl. Lühn (2006), S. 71

[66]   Vgl. Bisle (2016), S. 1

[67]   Vgl. Lühn (2013), S. 70

[68]   Vgl. Lühn (2013), S. 71

gesetzliche Rücklage oder Stammkapital nach §225 AktG dürfen dazu nicht verwendet werden.[69]

(3) Teilnahme am Verlust

Eine Teilnahme am Verlust ist bis zur vollen Höhe der Einlage ist als unabdingbares Eigenkapitalkriterium definiert. Dabei muss das Kapital laut HFA, als Ausgleich für eventuelle Verlust zur Verfügung stehen. Zuerst müssen immer Fremdkapitalgeber befriedigt werden. Wie dann die Verluste bei Eigenkapitalgebern verteilt werden, ist hingegen kein Kriterium.[70]

(4) Nachhaltigkeit der Kapitalüberlassung

Das vierte Eigenkapitalkriterium stellt nach IDW, die nachhaltige Überlassung des Kapitals dar. Das Zeitspektrum welches als Nachhaltig zu definieren ist hat der Hauptfachausschuss des IDW aber nicht konkret geregelt.[71]

Ab wann die Kapitalüberlassung nachhaltig ist darüber herrscht in der Literatur keine Einigkeit. Diese geht von mindestens fünf Jahren Laufzeit bei einer Mindestkündigungsfrist von zwei Jahren aus, bis hin zu der Forderung einer unbefristeten Kapitalüberlassung. Ein Teil der Literatur lehnt sogar beide Möglichkeiten ab. Dieser sieht die Nachhaltigkeit entgegen der herrschenden Meinung nicht als zwingend erforderlich. Der Meinung folgend, reichen die drei bisherigen Kriterien, um den Gläubigerschutz zu gewährleisten. Viel wichtiger ist dabei für den Gläubiger, dass genug Haftungssubstanz vorhanden ist. Dies wird durch die drei anderen Kriterien bereits abgedeckt. [72]

Darüber hinaus gibt es noch zwei weitere Merkmale, die nach herrschender Meinung aber von der Literatur als zwingende Eigenkapitalmerkmale abgelehnt werden. Diese sind Herkunft des Kapital und Rechte des Kapitalnehmers. Deshalb wird in dieser Arbeit nicht weiter darauf eingegangen.[73] Genussrechtskapital, wenn es den Eigenkapitalkriterien entspricht, ist erfolgsneutral in Form eines Sonderpostens innerhalb des Eigenkapital zu passivieren.[74] Während handelsrechtlich der

---

[69] Vgl. Lühn (2013), S. 72

[70] Vgl. Lühn (2013), S. 73

[71] Vgl. Lühn (2013), S. 74

[72] Vgl. Wegner (2017), S. 64–65

[73] Vgl. Lühn (2013), S. 70

[74] Vgl. Gehrmann (2016), S. 2

Abzug von Vergütung als Aufwand keinerlei Probleme darstellt, selbst bei Qualifizierung als Eigenkapital. Verhält es sich steuerrechtlich anders, da es hierfür gesonderte Regelungen gibt. [75]

3.2.1 Genussrechtsvertrag

Grundsätzlich sollten Genussrechtsverträge von Profis erstellt werden. Wichtig ist dabei unnötige Komplexität zu vermeiden. Es gibt jedoch Regelungen, die unabdingbar sind wie z.B. die Laufzeit oder die Ausschüttung.[76]

Die Entstehung der Genussrechte wird durch einen schuldrechtlichen Vertrag zur Kapitalüberlassung begründet. Die Praxis zeigt, dass hauptsächlich Kapitalgesellschaften Genussrechte herausgeben.[77]

Die Literatur vertritt in Teilen die Auffassung, dass Personengesellschaften keine Genussrechte emittieren dürfen. Aus Gründen, der in Deutschland herrschenden Vertragsfreiheit, lehnt das aktuelle Schrifttum diese These zurecht ab.[78]

In der Praxis kommen von Personengesellschaften emittierte Genussrechte nicht vor. Meistens sind es große Aktiengesellschaften, aber auch Banken und Sparkassen. Die Entstehung von Genussrechten, ist ohne Schwierigkeiten möglich. Der Genussrechtsinhaber, stellt dem Emittenten das Kapital zur Verfügung. Dieser wiederrum erhält eine Vergütung für seinen Kapitaleinsatz. Da Genussrechte lediglich Gläubigerrechte gewähren, was mit dem lateinischen Begriff „sui generis" beschrieben wird. Das heißt, eine juristisch einzigartige Formoptik zu besitzen. Genussrechteinhaber besitzen also wie Fremdkapitalgeber keinerlei Einflussmöglichkeiten auf die Geschäftsführung, sowie kein andersgeartetes Mitspracherecht oder Kontrollfunktion.[79]

Im Grundsatz sind Genussrechte also Fremdkapital. Das bestätigt das BMF mit seinem Schreiben vom 8.12. 1986 - IV B 7 - S 2742 - 26/86, da auf Grund der fehlenden Mitunternehmerinitiative keine Mitwirkungs- und Kontrollrechte entfalten kann.[80]

---

[75] Vgl. Gehrmann (2016), S. 3
[76] Vgl. Sattler/Kutz/Dallmayer (2011), S. 20–25
[77] Vgl. Gehrmann (2016), S. 1
[78] Vgl. Wegner (2017), S. 19
[79] Vgl. Gehrmann (2016), S. 1
[80]Vgl. Grützner (2016), S. 2

Wie bei Mezzanine-Kapital allgemein üblich, sind Genussrechte meistens mit einer Gewinnbeteiligung und einer Beteiligung am Liquidationserlös strukturiert. Dafür trägt der Genussrechtsinhaber das Risiko des Kapitalverlustes. [81]

Bei unzureichender Kapitalausstattung des Emittenten, kann die Abschlusszahlung gekürzt werden. Im Extremfall kann diese auch komplett ausfallen. Laut Rechtsprechung des BGH, kann der Gläubiger seine Ansprüche dann gerichtlich geltend machen, tritt er aber in den Nachrang zu anderen Gläubigern, was die Chance auf eine Rückzahlung des Kapitals erheblich mindert.[82]

(1) Vergütung

Für seine Investition erhält der Genussrechtebesitzer einen Anteil am Gewinn. Die Bezugsgröße kann dabei recht unterschiedlich ausfallen. Möglich sind bilanzielle Größen wie z.B. der Jahresüberschuss, aber auch nicht bilanzielle Größen wie z.B. die Höhe der Dividende bei Stammaktien.

(2) Verlustbeteiligung

Trotz des grundsätzlichen schuldrechtlichen Charakters, kann der Genussrechtsinhaber zu einer Teilnahme am Verlust herangezogen werden. Dies kann aber höchst unterschiedlich erfolgen. Möglich ist u.a. eine Beteiligung am laufenden Verlust z.B. einem Jahresfehlbetrag. Auch eine Beteiligung im Insolvenzfall ist denkbar, durch den Rangrücktritt zu anderen Gesellschaftsgläubigern.

(3) Laufzeit und Kündigung

Die Ausgestaltung unterliegt der Vertragsfreiheit. Möglich ist also sowohl eine unbefristete als auch eine befristete Genussrechtsausgabe. Eine vorzeitige Kündigung ist gemäß §314 BGB machbar, aber nur aus wichtigem Grund. Gemäß §313 BGB ist dies vor allem dann möglich, wenn eine Veränderung für eine der Parteien nicht zumutbar ist. Ein ordentliches Kündigungsrecht zu vereinbaren bleibt davon unberührt.

(4) Kontroll- und Informationsrechte

Durch die schuldrechtliche Beziehung, ist für Genussrechtsinhaber eine Mitsprache bei Verwaltungsrechten ausgeschlossen. Ein Anspruch auf Auskunftserteilung

---

[81]   Vgl. Lühn (2013), S. 42
[82]   Vgl. Dross (1996), S. 25

und Rechnungslegung gemäß §259 BGB besteht allerdings. Zudem ist es möglich weitere Kontrollbefugnisse einzuräumen z.B. eine Teilnahme an der Hauptversammlung. [83]

Die Laufzeit ist beliebig wählbar, wobei fünf bis zehn Jahre üblich sind.[84]

Ein aktuelles Urteil des BGH vom 14. 6. 2016 - II ZR 121/15 stellt außerdem fest, selbst wenn Informationsrechte bei Genussrechten im Vertragsverhältnis nicht extra geregelt sind, haben Genussrechtsinhaber einen Rechenschaftslegungsanspruch. Mit der Einschränkung, dass nur Auskünfte erteilt werden müssen, die wirklich im Zusammenhang mit der eigenen Investition stehen werden. Enthält der Jahresabschluss alle relevanten Daten, so besteht darüber hinaus kein Anspruch.[85]

3.2.2 Darstellung in der Handelsbilanz

Um das dem Eigenkapital zugehörige Genussrecht korrekt auszuweisen, kann nicht auf ein Standardverfahren zurückgegriffen werden. Die Gliederung des Eigenkapitals nach § 266 Abs. 3 HGB sieht keinen Posten dafür vor. Auf Grund der fehlenden Begrifflichkeit ist eine Zuordnung zu einem Einzelposten nicht möglich. Gemäß § 266 Abs. 5 HGB ist eine Ergänzung des Schemas nach §266 Abs. 3 A. HGB erforderlich.[86]

Erfüllt die Genussrechtsfinanzierung nicht die Kriterien für Eigenkapital, dann wird von einem Genussrecht mit Fremdkapitalcharakter gesprochen. Dieses ist unter denn Passiva § 265 Abs. 5 HGB bei den Verbindlichkeiten auszuweisen.[87]

3.3 Genussrechte im Steuerbilanzrecht

Grundsätzlich gibt es unterschiedliche Seiten bei der steuerlichen Behandlung, die des Emittenten und des Genussrechteinhabers. Im Folgenden wird vor allem die Seite des Emittenten beleuchtet.[88]

---

[83]   Vgl. Wegner (2017), S. 20

[84]   Vgl. Schramm (2008), S. 30

[85]   Vgl. Scharf (2016), S. 789

[86]   Vgl. Grützner (2016), S. 655

[87]   Vgl. Hoffmann (2016), S. 761-762

[88]   Vgl. Dross (1996), S. 40

Derzeit herrscht einige Unruhe in der steuerlichen Gestaltungszene, dies bietet aber die Chance einen grundlegenden Blick auf die Behandlung von Genussrechten zu werfen. [89]

Während es bei der handelsrechtlichen Behandlung von Genussrechten, trotz einiger Differenzen in der Literatur eine klare Linie gibt, ist die steuerliche Behandlung, wesentlich umstrittener. [90]

Entscheidend dabei ist, ob nach dem Maßgeblichkeitsgrundsatz § 5 Abs. 1 Satz 1 EStG, die handelsrechtliche Qualifikation auf die Steuerbilanz übertragbar ist oder ob § 8 Abs. 3 Satz 2 KStG die entscheidende steuerbilanzielle Wertung enthält, dort werden Genussrechte explizit genannt. [91]

Da nur die Vergütung bei Genussrechten mit Fremdkapitalcharakter als Betriebsausgaben abziehbar ist wird ist eine klare Abgrenzung zwischen Genussrechten im Eigenkapital- und Fremdkapitalcharakter im Steuerrecht dringend benötigt.[92]

Steuerrechtlich werden durch § 8 Abs. 3 Satz 2 KStG zwei gegensätzliche Typen von Genussrechten definiert. Bei Genussrechten mit Eigenkapitalcharakter sind die Ausschüttungen nicht als Betriebsausgaben abzugsfähig. Der Wortlaut des Gesetztes stellt klar fest, wenn die Genussrechte das Recht auf Gewinnbeteiligung und eine Beteiligung am Liquidationserlös beinhalten, so ist der Abzug nicht möglich.[93]

Im Schrifttum werden diese unterschiedlichen Typen als beteiligungsähnliche also mit einem Eigenkapitalcharakter versehene Genussrechte bezeichnet. Die zweite Art sind sogenannte obligationsähnliche also mit Fremdkapitalcharakter versehene Genussrechte. Bei diesen sind die Genussrechtsvergütungen als Betriebsausgaben abzugsfähig.[94]

3.3.1 Genussrechtstest Reichweite des § 8 Abs. 3 Satz 2 KStG

Eine Abgrenzung von Eigen- und Fremdkapital nach den steuerlichen Zielsetzungen der Rechnungslegung kann jedoch nur anhand der vom RFH formulierten und

---

[89] Vgl. Hoffmann (2016), S. 761
[90] Vgl. Bisle (2016), S. 1
[91] Vgl. Bisle (2016), S. 1
[92] Vgl. Lühn (2013), S. 131
[93] Vgl. Lühn (2013), S. 130
[94] Vgl. Wegner (2017), S. 131

in § 8 Abs. 3 Satz 2 KStG übernommenen Kriterien erfolgen. Insofern handelt es sich bei § 8 Abs. 3 Satz 2 KStG um eine steuerrechtliche Vorschrift, welche die handelsrechtliche Abgrenzungskonzeption für Genussrechte für steuerliche Zwecke außer Kraft setzt.[95]

So zumindest die Auffassung der Literatur, die § 8 Abs. 3 Satz 2 KStG auch für einen steuerbilanziellen Ausweis vorsehen. Wenn auf eine Beteiligung am Liquidationserlös, sowie einer Beteiligung am Gewinn verzichtet wird, ist steuerlich von Fremdkapital auszugehen, während handelsrechtlich ein bei entsprechender Ausgestaltung ein Eigenkapitalausweis möglich ist.[96]

In dem bereits o.g. Gesetzestext § 8 Abs. 3 Satz 2 KStG, welcher den Begriff Genussrechte explizit nennt, beschreibt dass Ausschüttungen jeglicher Art bei Kapitalgesellschaften auf Genussrechte, mit denen das Recht auf Beteiligung am Gewinn und am Liquidationserlös der Kapitalgesellschaft verbunden ist, nicht das Einkommen mindern. [97]

Mit dem Urteil des RFH vom 17.04.1934, IA 316/32, S.776 schafft der Reichsfinanzhof als Vorgänger des Bundesfinanzhofes damit die rechtliche Grundlage.[98]

Lange war umstritten, ob für eine Qualifikation von beteiligungsähnlichen Genussrechten, beide Tatbestandsmerkmale erfüllt sein müssen, also die Beteiligung am Gewinn und am Liquidationserlös. Dies hat der BFH mit seinem Urteil vom 19.1.1994 klar geregelt. Draus geht hervor, dass zwingend beide Tatbestandsmerkmale erfüllt sein müssen. [99]

3.3.1.1 Beteiligung am Gewinn

Gesetzliche geregelt ist die Definition Beteiligung am Gewinn nicht. Dies ist darauf zurückzuführen, dass sich der Gesetzgeber nicht auf eine bestimmte Größe für die Bemessung der Ausschüttung festlegen wollte. Eine Teilhabe an Erträgen aus dem betriebswirtschaftlichen Ergebnis insgesamt wird dabei angestrebt. [100]

---

[95] Vgl. Lühn (2013), S. 130
[96] Vgl. Bisle (2016), S. 2
[97] Vgl. Lühn (2013), S. 129
[98] Vgl. Lühn (2013), S. 130
[99] Vgl. Wegner (2017), S. 132
[100] Vgl. Lühn (2013), S. 131

Die Formulierung, Beteiligung am Gewinn ist dabei wörtlich zu nehmen. Eine Verlustbeteiligung wird dabei nicht mit einbezogen, da Gewinn sich auf ein positives Ergebnis bezieht. Mit Beteiligung am Ergebnis hätte der Gesetzgeber einen Wortlaut gewählt, der eine Beteiligung am Verlust miteingeschlossen hätte. [101]

Dabei können die Bezugsgrößen recht unterschiedlich sein. Möglich ist dabei z.b. der Jahresüberschuss oder der Steuerbilanzgewinn. Ungeeignet ist z.b. das Ergebnis einer einzelnen Sparte oder eines Wirtschaftsgutes. [102]

Eine umsatzorientierte Vergütung ist wegen der fehlenden Verflechtung mit dem Gewinn kein Eigenkapitalkriterium. Zudem ist in Verlustsituationen die Belastung deutlich höher und scheidet damit schon auf Grund des Belastungsvergleiches aus.[103]

Mit seinem Urteil vom 17.04.1934 hat der RFH noch einen anderen Ansatz zur Beurteilung der Gewinnabhängigkeit geschaffen. Dieser wird von Teilen des Schrifttums auch als Maßstab gesehen. Im Endeffekt bedeutet der sogenannte Belastungsvergleich, dass Genussrechtsausschüttungen dem Gewinnvergleich standhalten, wenn die Steuerkraft des Kapitalnehmers ähnlich belastet wird wie bei einer Ausgabe junger Stammaktien.[104]

3.3.1.2 Beteiligung am Liquidationserlös

Auch die Beteiligung am Liquidationserlös ist gesetzlich nicht konkretisiert. Das führt zu unterschiedlichen Meinung über die tatsächliche Ausprägung.[105]

Mit den beiden Schreiben vom 17.2. 1986 und 8.12. 1986 hat sich die Finanzverwaltung zu dem Thema geäußert. Demnach liegt ein Liquidationserlös auch vor, wenn eine Rückzahlung des Genussrechtskapitals vor Liquidation des Unternehmens nicht verlangt werden könne. Auch einer nur teilweisen Beteiligung an den stillen Reserven stellt eine Beteiligung am Liquidationserlös dar. Zudem sei von einer Beteiligung am Liquidationserlös, auszugehen selbst wenn der Rückzahlungsanspruch bedeutungslos ist. Eine steuerliche Fremdkapitalqualifikation liegt für

---

[101] Vgl. Lühn (2013), S. 131
[102] Vgl. Wegner (2017), S. 133
[103] Vgl. Briesemeister (2006), S. 124
[104] Vgl. Wegner (2017), S. 135–136
[105] Vgl. Wegner (2017), S. 137

die Finanzverwaltung grundsätzlich vor, wenn die Laufzeit 30 Jahre überschreitet.[106]

Im Schrifttum herrscht, gegenüber der Meinung der Finanzverwaltung eine eher ablehnende Haltung. Insbesondere die starre Frist über 30 Jahre stößt auf Skepsis. [107] Gesetzlich erwähnt ist aber der Liquidationserlös, § 11 Abs. 3 KStG spricht von dem zur Verteilung kommenden Abwicklungs-Endvermögen. Zum Liquidationserlös zählen auch die bei der Liquidation vorhandenen stillen Reserven.[108]

3.3.2 Beteiligungsähnliche Genussrechte

Die Einlage des Genussrechtskapitals, ist meistens für den Emittenten steuerneutral gestaltbar. Da die Zufuhr des Kapitals eine Einlage beim Emittenten darstellt und somit dem von den Gesellschaftern bereitgestellten Stamm- bzw. Grundkapital gleichgestellt werden kann.[109]

Wurde das Genussrecht handelsrechtlich dem Fremdkapital zugeordnet und wurden deshalb Erträge aus der Herabsetzung von Genussrechtskapital angesetzt, so sind diese im Rahmen der steuerlichen Gewinnermittlung wieder abzuziehen. Bei Genussrechten, die dem Eigenkapital zugeordnet sind, ist dies nach herrschender Meinung der Literatur nicht nötig.[110]

Grundsätzlich sind Vergütungen bei beteiligungsähnlichen Genussrechten nach § 8 Abs. 3 Satz 2 KStG nicht als Betriebsausgaben abzugsfähig. Somit sind Verluste, die im Umkehrschluss auf das Genussrechtskapital entfallen, auch keine Betriebseinnahme. [111]

3.3.3 Obligationsähnliche Genussrechte

Sollten obligationsartige Genussrechte handelsrechtlich Eigenkapital darstellen, so wird in der Steuerbilanz das Genussrecht trotzdem als Fremdkapital geführt.[112]Stellt sich das Genussrechtskapital obligationsähnlich dar, so ist die

---

[106] Vgl. Grützner (2016), S. 656

[107] Vgl. Wegner (2017), S. 138–145

[108] Vgl. Lühn (2013), S. 132

[109] Vgl. Lühn (2013), S. 135

[110] Vgl. Lühn (2013), S. 136

[111] Vgl. Lühn (2013), S. 136

[112] Vgl. Lühn (2013), S. 145

Vergütung der Kapitalüberlassung im Rahmen der Gewinnermittlung als Aufwand zu berücksichtigen.[113]

Dieser Aufwand mindert gemäß § 8 Abs. 3 Satz 2 KStG, den körperschaftsteuerlichen Gewinn beim Genussrechtsemittenten. [114]

Im Verlustfall sind obligationsartige Genussrechte anders zu behandeln als beteiligungsähnliche Genussrechte. So entsteht beim Emittenten ein Gewinn aus der Verlustübernahme. Dieser wirkt sich somit nicht senkend auf die Ermittlung der Einkünfte aus, beschränkt sich aber auf die Einlage des Genussrechtsinhabers, weil dieser darüber hinaus nicht haftet. Ein über die Einlage gehender Verlust ist vollständig vom Emittenten zu tragen, da diese bei der Ermittlung der Einkünfte abzugsfähig sind. In Umkehrschluss bedeutet das in Gewinnsituationen, der Gewinnanteil des stillen Gesellschafters solange nicht als Betriebsausgabe beim Emittenten abzugsfähig ist, wie er für den Ausgleich eines über die Einlage des Genussrechtskapitals hinausgehenden Fehlbetrags verwendet wird.[115]

3.3.4 Kapitalzufuhr

Die Einlage von Genussrechtskapital ist unabhängig von der Bilanzierung als Eigen- oder Fremdkapital handels- als auch steuerrechtlich gewinnneutral.

Sollte aber eine fehlende Rückzahlungsverpflichtung gesellschaftsrechtlich begründet sein, so ist eine verdeckte Einlage i.S.d. § 8 Abs. 3 Satz 3 KStG anzunehmen. [116]

3.3.5 Verlustvortragsuntergang

Werden Genussrechte als Eigenkapital behandelt, stellt sich die Frage ob § 8c KStG, also der schädliche Anteilserwerb, greift. Das BMF hat mit dem Schreiben vom 4. 7. 2008 BStBl 2008 I S. 736, Rn. 7 dazu Stellung bezogen. Bei Eigenkapitalcharakter von Genussrechten sieht das BMF einen vergleichbaren Sachverhalt im Sinne von § 8c KStG.[117]

---

[113] Vgl. Lühn (2013), S. 84
[114] Vgl. Lühn (2013), S. 147
[115] Vgl. Lühn (2013), S. 149
[116] Vgl. Bisle (2016), S. 3
[117] Vgl. Kusch (2016), S. 1960

§ 8c KStG besagt im Grunde, wenn innerhalb von fünf Jahren mehr als 25% der Beteiligungsrechte einer Körperschaft übertragen werden, gehen die Verlustvorträge anteilig bei über 50% Übertragung sogar vollständig unter, da aber Genussrechteinhaber keinerlei Mitspracherecht besitzen, da ein wirtschaftliches Verhältnis besteht, aber kein Rechtliches. Der Gesetzentwurf des Deutschen Bundestages vom 27.3. 2007 S. 75 und 76, zielt darauf ab, dass sich die Identität des Unternehmens bei Abgabe von Anteilen ändert. Dies trifft bei fehlendem Mitspracherecht der Genussrechte nicht zu. Deshalb lehne ich wie auch ein Teil der Literatur die Meinung der Finanzverwaltung, ab. [118]

Da Genussrechte weder grundsätzlich über Stimm- oder Beteiligungsrechte verfügen, sondern reine Vermögensrechte darstellen wird diese Auffassung in der Literatur scharf kritisiert. Nur wenn zusätzliche Absprachen dazu führen, dass der Genussrechtsinhaber eine Stimmberechtigung bekommt, kann dies zu einem Verlustvortragsuntergang führen.[119]

3.3.6 Zinsschranke

Bei obligationsartigen Genussrechten mindert die laufende Vergütung die Basis für die Steuerbemessung. Diese Ausschüttungen können als Zinsaufwendung im Sinne des § 4h Abs. 3 Satz 2 EStG sein. In diesem Fall gilt die sogenannte Zinsschranke gemäß § 8a KStG i. V. m. § 4h EStG. [120]

Mit der Unternehmenssteuerreform im Jahre 2008, führte der Gesetzgeber die sogenannte Zinsschranke ein. Diese soll ein Transferieren von Gewinnen ins Ausland verhindern, sowie Finanzierungsgestaltungen abwehren, die sich nachteilig auf die Steuerbemessung auswirken.[121]

Vergütungen, die der Genussrechtsemittent für die Überlassung des Genussrechtskapitals an den Genussrechtsinhaber leistet, stellen hingegen Betriebsausgaben dar. Diese werden von der Zinsschranke erfasst, wenn das Genussrechtskapital auch steuerlich als Fremdkapital einzustufen ist. Was dazu führt das der Abzug nur noch eingeschränkt möglich ist.[122]

---

[118] Vgl. Wegner (2017), S. 168–189
[119] Vgl. Bisle (2016), S. 3–4
[120] Vgl. Lühn (2013), S. 147
[121] Vgl. Brähler (2014), S. 284
[122] Vgl. Gehrmann (2016), S. 3

Zinsen sind Erträge aus Kapitalforderungen jeglicher Art. Das schließt auch Zinsen mit festem oder variablem Zinssatz mit ein. Ebenso gehören dazu Vergütungen z.b. für Genussrechte oder auch Umsatzbeteiligungen.[123]

Mit dem Begriff EBITDA, der mit der Zinsschranke erstmals Einzug in die steuerliche Gesetzgebung gefunden hat, wird auch der steuerliche Abzug der Zinsaufwendungen begrenzt. Gemäß § 4h Abs. 1 EStG sind Zinsaufwendungen nur in Höhe des Zinsertrages abziehbar. Alles Darüberhinausgehende darf nur bis zur Höhe von 30% des nach § 6 Abs. 2 Satz 1 EStG sowie § 6 Abs. 2a Satz 2 EStG und § 7 EStG erhöhten und um die Zinserträge verminderten Gewinns abgezogen werden.

Zinsaufwendung sind in diesem Fall, gemäß § 4h Abs. 3 Satz 2 EStG, die Vergütungen für Fremdkapital die den steuerlichen Gewinn mindern. Dazu zählt auch insbesondere Genussrechtskapital, das die Tatbestandsmerkmale des § 8 Abs. 3 Satz 2 KStG nicht erfüllt. [124]

Der Gesetzgeber, hat um die Zinsschranke etwas zu entschärfen, Ausnahmen festgelegt. Nach § 4h Abs. 2 Buchst. a. EStG gibt es eine Freigrenze von drei Millionen Euro. Dazu kommt die sogenannte Konzernklausel, gemäß § 4h Abs. 2 Buchst. c EStG. Beide Ausnahmen erzeugen im Rahmen der Genussrechtsbeurteilungen keine besonderen Fragestellungen. Die dritte Ausnahme jedoch, der sogenannte Eigenkapitalvergleich, nach § 4h Abs. 2 Buchst. c. Die Bedingungen dafür sind, dass der Genussrechtsemittent zu einem Konzern gehören muss, sowie seine Eigenkapitalquote muss am vorgegangen Bilanzstichtag gleich hoch oder höher sein als die des Konzerns. Die Eigenkapitalquote ergibt sich gemäß § 4g Abs. 2 Satz 3 EStG aus dem Verhältnis Eigenkapital zur Bilanzsumme. Da in dieser Arbeit auf IFRS kein Bezug genommen wird, obwohl das Gesetz auch von IFRS spricht, wird im Weiteren nur auf das HGB eingegangen. Im Grundsatz würde die Eigenkapitalquote durch Genussrechtskapital steigen. Das schließt der Gesetzgeber jedoch durch § 4h Abs. 2 Satz 5 EStG aus. Da Genussrechte schuldrechtlichen Charakter haben müssen diese bei der Bemessung des Eigenkapitals abgezogen werden.[125]

Grundsätzlich ist die Zinsschranke kritisch zu sehen, da bereits der BFH mit seinem Urteil vom 14.10.2015 zur Prüfung dem Bundesverfassungsgericht vorgelegt hat.

---

[123] Vgl. Cremer (2017), S. 7
[124] Vgl. Wegner (2017), S. 160–161
[125] Vgl. Wegner (2017), S. 161–162

Der BFH bezweifelt, ob eine Beschränkung des Abzugs von Fremdkapitalzinsen überhaupt verfassungsgemäß ist. Die Finanzverwaltung sieht aber keinen Anlass tätig zu werden. Reagiert wurde mit einem Nichtanwendungserlass, da die Behörde keine Veranlassung sieht an der Verfassungskonformität der Zinsschranke zu zweifeln.[126]

3.3.7 Maßgeblichkeitsprinzip

Schlüsselfaktor war von Anfang an die Frage, ob eine handelsrechtliche Qualifikation, dem Maßgeblichkeitsgrundsatz § 5 Abs. 1 Satz 1 EStG auch auf die Steuerbilanz durchschlägt wie von der Finanzverwaltung vertreten oder ob die Vorschrift des § 8 Abs. 3 Satz 2 KStG eine eigene steuerbilanzielle Wertung enthält. [127]

Gegen eine Durchbrechung des Maßgeblichkeitsprinzips spricht die Formulierung des § 8 Abs. 3 Satz 2 KStG. Denn dieser bezieht sich nur auf die Ausschüttung, nicht aber auf den bilanziellen Ansatz. Zudem besteht aus wirtschaftlicher Sicht keine Veranlassung, da die Gesellschaft auch bei einer außerbilanziellen Korrektur keinen steuerlichen Nachteil in Kauf nehmen muss. Entscheidend ist, ob der Abzug als Betriebsausgaben möglich ist.[128]

Für eine Durchbrechung spricht das Wort Ausschüttung im § 8 Abs. 3 Satz 2 KStG, da dieses normalerweise für Eigenkapitalzahlungen benutzt wird.

Des Weiteren sprechen die bisherigen Verwaltungsanweisungen eine klare Sprache. In den BMF-Schreiben vom 8.12. 1986 zur Behandlung von Ausschüttung auf Genussrechten. Vom 17.11.1994 zum Thema Gesellschafter Fremdfinanzierung nach § 8a KStG. Sowie vom 04.07.2008 zur Anwendung der Zinsschranke wurden beteiligungsähnliche Genussrechte stets als steuerliches Eigenkapital bezeichnet.

Auch das Urteil des RFH vom 28.04.1936 spricht für eine Bilanzierung als Eigenkapital. Das d dass Genussrechte mit Beteiligung am Gewinn und am Liquidationserlös für steuerbilanzielle Zwecke als Eigenkapital auszuweisen ist.[129]

Für eine Durchbrechung spricht auch, dass die verdeckte Gewinnausschüttung und Behandlung von Genussrechtsausschüttung anfangs getrennt geregelt war. Nur aus

---

[126] Vgl. Cremer (2017), S. 4
[127] Vgl. Kusch (2016), S. 1952
[128] Vgl. Wegner (2017), S. 150–151
[129] Vgl. Wegner (2017), S. 151–153

redaktionellen Gründen wurde diese in § 8 Abs. 3 Satz 2 KStG vereinigt. Das ergibt aber keinen Rückschluss auf eine analoge steuerbilanzielle Behandlung. Somit kann von einer abweichenden Behandlung beider Sachverhalte trotz gemeinsamer Regelung ausgegangen werden.[130]

3.3.8 Verfügung der OFD Nordrhein-Westfalen vom 12.5.2016

Bisher war die Sicht der Finanzverwaltung auf den § 8 Abs. 3 Satz 2 KStG ausgerichtet, die handelsrechtliche Unterscheidung zwischen Eigen- und Fremdkapital spielte keine Rolle. Diese Ausgestaltung war für Genussrechte in einigen Fällen natürlich außerordentlich Vorteilhaft. Ein Eigenkapitalausweis nach HGB war möglich, dazu kam, dass ein Betriebsausgabenabzug bei der steuerlichen Gewinnermittlung möglich war.[131]

Diese Situation war der Finanzverwaltung ein Dorn im Auge. Die Verfügung vom 12.5.2016 der OFD Nordrhein-Westfalen besagt nun Folgendes.

Ein Genussrecht welches nach IDW HFA 1/1994 als Eigenkapital eingestuft wurde, unterliegt dem § 8 Abs. 3 Satz 1 KStG, welches ein Abzugsverbot für Ausschüttungen vorsieht. Für als Fremdkapital eingestufte Genussrechte ändert sich nichts. Dabei gilt der § 8 Abs. 3 Satz 2 KStG welcher besagt, dass ein Abzug der Aufwendungen möglich ist.[132]

Wird der Auffassung der OFD Nordrhein-Westfalen Folge geleistet so bedeutet dies, dass die steuerliche Behandlung direkt auf die Bilanzierungskriterien des IDW 1/1994 aufsetzen. Wird also das Genussrecht bilanziell dem Eigenkapital zugeordnet, bedeutet das steuerrechtlich eine außerbilanzielle Hinzurechnung. Dies stellte auch bereits die OFD Rheinland mit der Kurzinformation vom 14.12.2011 Nr. 56/2011 S. 189 fest. Demnach muss eine Korrektur außerhalb der Bilanz erfolgen.

Im Ergebnis kommt die OFD Nordrhein-Westfalen dazu, nicht mehr auf den § 8 Abs. 3 Satz 2 KStG abzustellen. Sondern den Wortlaut des § 8 Abs. 3 Satz 1 KStG zu verwenden. In diesem Satz werden Genussrechte zwar nicht explizit erwähnt, aber

---

[130] Vgl. Wegner (2017), S. 152–153
[131] Vgl. Hoffmann (2016), S. 761
[132] Vgl. Hoffmann (2016), S. 762

dieser sieht laut Verwaltung ein generelles Abzugsverbot von Ausschüttung auf Instrumente mit Eigenkapitalcharakter vor.[133]

Betroffen von der Verfügung der OFD Nordrhein-Westfalen dürfte auch die stille Beteiligung sein. Diese Auffassung steht aber unter Vorbehalt da es noch keine abgestimmte Verwaltungsmeinung gibt. [134]

3.3.8.1 Steuerbilanzieller Ausweis

Um nach Meinung der Finanzverwaltung eine Sicherstellung der steuerlichen Abzugsfähigkeit zu gewährleisten, ist es jetzt also notwendig, dass die Kriterien für einen handelsrechtlichen Eigenkapitalausweis nicht erfüllt werden. Zusätzlich darf um eine nicht Anwendbarkeit des § 8 Abs. 3 Satz 2 zweiter Halbsatz KStG zu gewährleisten, insbesondere keine Beteiligung am Liquidationserlös erfolgen. In der Praxis dürfte, das aber schwer umzusetzen sein, da eine Qualifikation als handelsrechtliches Eigenkapital oft gewünscht wird, um z.B. die Kreditwürdigkeit zu erhöhen.[135]

3.3.8.2 Außerbilanzielle Korrekturen

3.3.8.2.1 Genussrechte mit Eigenkapitalcharakter

Der Standpunkt der Finanzverwaltung stellt nun folgendes dar. Ausschüttung jeder Art auf Genussrechte, die handelsrechtlichen Eigenkapitalcharakter haben, bringt eine Einkommensverwendung mit sich. Diese darf das Einkommen der ausschüttenden Körperschaft somit nicht mindern. Im Unterschied zu früher stellt dabei das Finanzamt nicht mehr auf § 8 Abs. 3 Satz 2 KStG ab. Sondern auf § 8 Abs. 3 Satz 1 KStG, der ein generelles Abzugsverbot für Ausschüttung auf steuerliche Eigenkapitalinstrumente vorsieht. Auf Grund dessen ist eine außerbilanzielle Ergebniskorrektur nötig.[136]

Bei Verlusten ist eine außerbilanzielle Korrektur nicht möglich, da der Verlustanteil erfolgsneutral behandelt wird. [137]

---

[133] Vgl. Bisle (2016), S. 2

[134] Vgl. Kusch (2016), S. 1953

[135] Vgl. Kusch (2016), S. 1959

[136] Vgl. Bisle (2016), S. 2

[137] Vgl. Kusch (2016), S. 1958

3.3.8.2.2 Genussrechte mit Fremdkapitalcharakter

Sind Genussrechte handelsrechtlich als Fremdkapital einzustufen und wurde dabei ein Recht auf Teilnahme am Gewinn sowie am Liquidationserlös vereinbart, so stellt die Verfügung klar, dass auch weiterhin auf den § 8 Abs. 3 Satz 2 KStG abzustellen ist und somit das Einkommen der ausschüttenden Kapitalgesellschaft nicht mindern darf.

Der Beweggrund dafür ist, dass in der Praxis oft versucht wurde, durch eine spezielle Gestaltung, indem auf das Recht auf Beteiligung am Liquidationserlös verzichtet wurde, eine Hinzurechnung der Genussrechtsvergütungen zu vermeiden, da laut Gesetz beide Tatbestandsmerkmale des § 8 Abs. 2 Satz 2 KStG erfüllt werden müssen.

Wann wirtschaftlich trotzdem von einer Beteiligung am Liquidationserlös auszugehen ist, dazu nehmen zwei weitere Schreiben der Finanzverwaltung Stellung.

Das BMF-Schreiben vom 17.2.1986 IV B 7-S 2742-1/86, spricht davon, wenn das Genussrecht im Falle einer Liquidation des Unternehmens zum Nennwert zurückzahlen wird, wird der Empfänger am Liquidationserlös beteiligt.

Das zweite BMF-Schreiben Schreiben v. 8.12.1986 IV B 7-S 2742-26/86, spricht davon eine Beteiligung am Liquidationserlös liegt auch in den Fällen vor, in denen eine Rückzahlung vor Liquidation des Unternehmens nicht verlangt werden kann bzw. dies aufgrund langer Laufzeit wirtschaftlich unbedeutend ist. Nach Ansicht der Finanzverwaltung ist hier eine Beteiligung am Liquidationserlös aufgrund des im Rahmen der Liquidation bestehenden ungekürzten Rückzahlungsanspruchs des Gläubigers gegeben, da eine Beteiligung an einem Liquidationserlös nicht erforderlich ist.[138]

Unklar ist, ob bei einem Fremdkapital-Genussrecht der bilanzielle Ertrag aus einer Verlustbeteiligung auch außerbilanziell zu korrigieren ist. Diese korrespondierende Behandlung gibt § 8 Abs. 3 Satz 1 KStG nicht her, da es sich bei der Verlustbeteiligung nicht um eine Einkommensverteilung der Kapitalgesellschaft handelt. Eine Freistellung des Ertrags ist deshalb nicht möglich. Das Gegenstück der Einkommensverteilung ist die Einlage. Die Voraussetzungen für eine Einkommenskorrektur als verdeckte Einlage liegen hier jedoch nicht vor.[139]

---

[138] Bisle (2016), S. 2–3
[139] Kusch (2016), S. 1959

3.3.8.3 Konsequenzen der aktuellen Behandlung

Diese von der OFD Nordrhein-Westfalen bundeseinheitlich herausgegebene Verfügung,

sorgt dafür, dass ab jetzt die handelsrechtlichen Kriterien zur Qualifizierung von Genussrechten auch auf die Steuerbilanz durchschlagen. Das Überraschende dabei ist, dass die Finanzverwaltung nicht den Stimmen der Literatur folgt, die § 8 Abs. 3 Satz 2 KStG auch für den steuerbilanziellen Ausweis heranziehen wollen. Der Meinung der Finanzverwaltung ist nur insoweit nachvollziehbar, wenn § 8 Abs. 3 Satz 2 KStG als bloße Einkommensermittlungsvorschrift zu verstehen ist und nicht als Bilanzierungsvorschrift.[140] So bleibt die Rechtslage weiterhin zwiespältig.[141]

[140] Bisle (2016), S. 2

[141] Hoffmann/Lüdenbach (2017), S. 126

4 Zusammenfassung und Fazit

Zusammenfassend gesehen ist die bundeseinheitlich abgestimmte Verfügung der OFD Nordrhein-Westfalen vom 12.5.2016 eine erhebliche Verschärfung zur früheren Behandlung. Eine Abzugsfähigkeit von Genussrechtsvergütungen ist demnach nur noch möglich, wenn das Genussrecht handelsrechtlich Fremdkapital darstellt. Zusätzlich darf entweder keine Beteiligung am Liquidationserlös oder keine Beteiligung am Gewinn vereinbart sein. In der Praxis ist dabei nur die Nichtbeteiligung am Liquidationserlös relevant. Bisher konnte durch clevere Gestaltung eine Hinzurechnung nach § 8 Abs. 3 Satz 2 KStG vermieden werden. Bei Genussrechten, die handelsrechtlich Eigenkapital sind, wird grundsätzlich eine außerbilanzielle Hinzurechnung vorgenommen. Dabei beruft sich die Finanzverwaltung jetzt auf den § 8 Abs. 3 Satz 1 KStG. [142]

Meiner Einschätzung nach, wurde diese Verschärfung in erster Linie vorgenommen um steuerliche Mehreinnahmen zu generieren, da bisher durch intelligente Ausgestaltung, die Steuerbelastungen gesenkt werden konnte, was die Finanzverwaltung nachvollziehbarerweise schmerzt.

Dabei hat die OFD Nordrhein-Westphalen keine gute Figur gemacht. Nachdem bereits die aus NRW stammende Zinsschranke sogar an der Verfassungsmässigkeit zu scheitern droht - die auch in der Steuerberaterbranche massivst in der Kritik steht – wird das aktuelle Schreiben der OFD Nordrhein-Westfalen vom 12.5.2016 vom Schrifttum in großen Teilen widerlegt. Auch ich komme in meiner Untersuchung zu dem Schluss, dass der § 8 Abs. 3 Satz 2 KStG ganz offensichtlich die rechtliche Grundlage für den Abzug von Vergütungen bildet. Das Verbot des Abzugs für Genussrechte, die handelsrechtlich Eigenkapital sind, wird einzig und allein auf das Wort „auch" im Gesetzestext abgestellt. Eine solche unklare Formulierung, sorgt meiner Ansicht nach nicht für ein generelles Abzugsverbot nach § 8 Abs. 3 Satz 1 KStG.

Die Rechtsauffassung der Finanzverwaltung auf § 8 Abs. 3 Satz 1 KStG abzustellen, dürfte damit rechtlich nicht haltbar sein, die Wahrscheinlichkeit ist groß, dass die Finanzbehörden in einem höchstrichterlichen Urteil ihre Auffassung nicht bestätigt bekommen wird.

---

[142] Bisle (2016), S. 4

Aber im Einzelnen die grundsätzliche handelsrechtliche Behandlung von Mezzanine-Kapital und dabei ist insbesondere das Genussrecht zu nennen, ist unumstritten. Eine gesetzliche Regelung wird es weiterhin nicht geben und ist auch im Bereich des Handelsrechts nicht nötig. Da eine gesetzliche Regelung die Gliederungssystematik der Handelsbilanz verändern würde. Wichtiger wäre eine Konkretisierung einiger Abschnitte des HDW IDW 1/1994, um weitere Rechtsunsicherheiten zu vermeiden. Dabei ist insbesondere das Kriterium Nachhaltigkeit der Kapitalüberlassung zu nennen.

Anders verhält es sich mit dem Steuerrecht, dieses bedarf einer weiterreichenden gesetzlichen Regelung. Die Untersuchung hat festgestellt, dass die Auffassung der Finanzverwaltung oft mit der Auffassung des Schrifttums kollidiert. Selbst ernsthafte verfassungsrechtliche Bedenken, hier zu nennen ist die Zinsschranke, wischen die Finanzbehörden vom Tisch.

Eine klare gesetzliche Regelung ist auch deshalb geboten, weil die Frage im Raum steht ob § 8 Abs. 3 KStG das Maßgeblichkeitsprinzip aushebelt oder nicht. Die Finanzbehörden sprechen sich dagegen aus - die Literatur unterstützt diese These. Auch ich vertrete die Ansicht großer Teile der Literatur, an der Durchbrechung des Maßgeblichkeitsprinzips durch § 8 Abs. 3 Satz 2 KStG festzuhalten. Die Argumentation der Finanzverwaltung ist inkonsistent, von einer Änderung der Meinung der Behörden ist aber auf längere Zeit nicht auszugehen, obwohl das durchaus geboten wäre.

Literaturverzeichnis

Bisle, M. (2016), Die steuerliche Behandlung von Genussrechten, SteuK, Nr. 381, S. 1–4.

Brähler, G. (2014), Internationales Steuerrecht. Grundlagen für Studium und Steuerberaterprüfung, 8. Aufl., Wiesbaden.

Briesemeister, S. (2006), Hybride Finanzinstrumente im Ertragsteuerrecht, Zugl.: Köln, Univ., Diss., 2006, Düsseldorf.

Cremer, U. (2017), Zinsschranke, Kontierungslexikon, S. 1–13.

Dross, C. (1996), Genussrechte. Einsatzmöglichkeiten in mittelständischen Unternehmen, München.

Franz, A./Hötzinger, F./Mangels, N. (2007), Mezzanine-Kapital. Geschäftsfeld für Mittelstands-Finanzierungen, Frankfurt am Main.

Gehrmann, R. (2016), Genussrechte, Infocenter NWB, S. 1–4.

Grützner, D. (2016), Zur Zuordnung von Genussrechten zum Eigenkapital. Anmerkungen zur Verfügungen der OFD NRW vom 12.5. 2016, StuB, Nr. 17, S. 654–656.

Hellfritsch, R. (2016), Mezzanine-Kapital ist nach wie vor aktuell. Gefeiert, verteufelt und doch immer noch gebraucht, in: https://www.boersen-zeitung.de/index.php?li=1&artid=2017116805&artsubm=&subm=, abgerufen am 9. 8. 2017.

Hennersdorf, A. (2017), Ex-Pleitefirma Prokon: Zweistelliger Millionenverlust in 2016 und Stopp aller Windprojekte in Polen, in: http://www.wiwo.de/unternehmen/energie/ex-pleitefirma-prokon-zweistelliger-millionenverlust-in-2016-und-stopp-aller-windprojekte-in-polen-/19339728.html, abgerufen am 31. 8. 2017.

Hoffmann, W.-D. (2016), Die Genüsse des Genussrechts, StuB, Nr. 20, S. 761–762.

Hoffmann, W.-D./Lüdenbach, N. (2017), NWB Kommentar Bilanzierung. Handels- und Steuerrecht, 8. Aufl., Herne.

IDW (1994), Stellungnahme HFA 1/1994, Zur Behandlung von Genussrechten im Jahresabschluss von Kapitalgesellschaften, WPg 1994, S. 419-423.

Kusch, K. (2016), Die steuerliche Behandlung von Genussrechten. Finanzverwaltung äußert sich zu steuerlichen Fragen beim Genussrechtsemittenten, NWB, Nr. 26, S. 1952–1960.

Lühn, M. (2006), Bilanzierung und Besteuerung von Genussrechten, Wiesbaden.

Lühn, M. (2013), Michael Lühn Genussrechte // Genussrechte. Grundlagen, Einsatzmöglichkeiten, Bilanzierung und Besteuerung, Wiesbaden.

Müller-Känel, O. (2004), Mezzanine Finance. Neue Perspektiven in der Unternehmensfinanzierung, Zugl.: St. Gallen, Univ., Diss., 2002, 2. Aufl., Bern.

Nohtse, K. (2012), Programm Mezzanine Finananzierungen Deutscher Unternehmen // Programm-Mezzanine-Finanzierungen deutscher Unternehmen. Eine Analyse kapitalstrukturtheoretischer Fragestellungen, @Oestrich-Winkel, EBS Univ. für Wirtschaft und Recht - Business School, Diss., 2012, Wiesbaden.

o.V., Gutzitiert, in: http://www.gutzitiert.de/zitatebysearch.php?search=bilanz, abgerufen am 9. 8. 2017.

Sattler, A./Kutz, N./Dallmayer, J. (2011), Kapital schöpfen. Emission und Prospekterstellung, 2. Aufl., Sternenfels.

Scharf, S. (2016), Zum Anspruch des Genussscheininhabers auf Rechnungslegung. Anmerkungen zum BGH-Urteil vom 14. 6. 2016 - II ZR 121/15, StuB, Nr. 20, S. 786–789.

Schramm, V. (2008), Mezzanine Eigenkapitalnahe Fremdfinanzierungen, Nürnberg.

Sultana, A./Willeke, C. (2006), Bilanzierung von Mezzanine-Kapital. Darstellung und Abbildung im handelsrechtlichen Jahresabschluss, StuB, Nr. 6, S. 220–225.

Wegner, J. (2017), Die handels- und steuerbilanzielle Behandlung elementarer und strukturierter hybrider Finanzinstrumente, Diss., Verlag Dr. Kovač.

Werner, H. S. (2006), Eigenkapital-Finanzierung, Köln.

Werner, H. S. (2007), Mezzanine-Kapital. Mit Mezzanine-Finanzierung die Eigenkapitalquote erhöhen, 2. Aufl., Köln.

Wöhe, G./Bilstein, J./Ernst, D./Häcker, J. (2013), Grundzüge der Unternehmensfinanzierung, S. 212–231.

Rechtsquelleverzeichnis

Gesetze

Aktiengesetz (AktG)

Vom 6. September 1965 (BGBl. I S. 1089) FNA 4121-1 Zuletzt geändert durch Art. 9 G zur Umsetzung der Zweiten ZahlungsdiensteRL vom 17.7.2017 (BGBl. I S. 2446)

Bürgerliches Gesetzbuch (BGB)

In der Fassung der Bekanntmachung vom 2. Januar 2002 (BGBl. I S. 42, ber. S. 2909 und 2003 I S. 738) FNA 400-2 Zuletzt geändert durch Art. 1 G zur Einführung des Rechts auf Eheschließung für Personen gleichen Geschlechts vom 20.7.2017 (BGBl. I S. 2787)

Einkommensteuergesetz (EStG)

In der Fassung der Bekanntmachung vom 8. Oktober 2009 (BGBl. I S. 3366, ber. I 2009 S. 3862) FNA 611-1 Zuletzt geändert durch Art. 9 Gesetz zur Stärkung der betrieblichen Altersversorgung und zur Änderung anderer Gesetze (Betriebsrentenstärkungsgesetz) vom 17.8.2017 (BGBl. I S. 3214)

Handelsgesetzbuch (HGB)

Vom 10. Mai 1897 (RGBl. S. 219) BGBl. III/FNA 4100-1 Zuletzt geändert durch Art. 11 Abs. 28 eIDAS-DurchführungsG vom 18.7.2017 (BGBl. I S. 2745)

Körperschaftsteuergesetz (KStG)

In der Fassung der Bekanntmachung vom 15. Oktober 2002 (BGBl. I S. 4144) FNA 611-4-4 Zuletzt geändert durch Art. 5 Gesetz zum Ausschluss verfassungsfeindlicher Parteien von der Parteienfinanzierung vom 18.7.2017 (BGBl. I S. 2730)

Gesetz über das Kreditwesen (Kreditwesengesetz - KWG)

In der Fassung der Bekanntmachung vom 9. September 1998 (BGBl. I S. 2776) FNA 7610-1 Zuletzt geändert durch Art. 7, Art. 14 Abs. 2 G zur Umsetzung der Zweiten ZahlungsdiensteRL vom 17.7.2017 (BGBl. I S. 2446)

Gesetz über die Beaufsichtigung der Versicherungsunternehmen (Versicherungsaufsichtsgesetz - VAG)

Vom 1. April 2015 (BGBl. I S. 434) FNA 7631-11 Zuletzt geändert durch Art. 6 Betriebsrentenstärkungsgesetz vom 17.8.2017 (BGBl. I S. 3214)

Fünftes Gesetz zur Förderung der Vermögensbildung der Arbeitnehmer

(Fünftes Vermögensbildungsgesetz - 5. VermBG)

In der Fassung der Bekanntmachung vom 4. März 1994 (BGBl. I S. 406) FNA 800-9 Zuletzt geändert durch Art. 8 Gesetz zur Modernisierung des Besteuerungsverfahrens vom 18.7.2016 (BGBl. I S. 1679)

Verwaltungsanweisungen

Oberfinanzdirektion

OFD Schreiben Nordrhein-Westfalen v. 12.5.2016, Körperschaftsteuerliche Behandlung von Genussrechten (§ 8 KStG), S 2742-2016/0009-St 131

OFD Rheinland Schreiben v. 14.12.2011, Steuerliche Behandlung der Umwandlung von Darlehen in Genussrechte, Kurzinfo KSt 56/2011

Bundesfinanzministerium

BMF Schreiben v. 4. 7. 2008, Zinsschranke (§ 4h EStG; § 8a KStG), IV C 7 - S 2742 a/07/10001 BStBl 2008 I S. 718

BMF Schreiben v. 4. 7. 2008, Verlustabzugsbeschränkung für Körperschaften (§ 8c KStG),

IV C 7 - S 2745 a/08/10001 BStBl 2008 I S. 736

BMF Schreiben v. 17.11.1994, Gesellschafter – Fremdfinanzierung (§ 8a KStG), IV B 7 -S 2742 a - 63/94 BStBl 1995 I S. 25

BMF Schreiben v. 8.12.1986, Steuerliche Behandlung von Genußrechten, IV B 7-S 2742-26/86

BMF Schreiben v. 17.2.1986, Steuerliche Behandlung von Genußrechten, IV B 7 - S 2742 - 1/86

Rechtssprechungsverzeichnis

Bundesgerichtshof

BGH v. 14.06.2016 - II ZR 121/15

Reichsfinanzhof

RFH v. 17.04.1934, I A 470/27, RStBl. 1934, S. 773 – 776

RFH v. 17.04.1936, I A 316/32, RStBl. 1936, S. 770 – 772

Bundesfinanzhof

BFH v. 19.01.1994 - I R 67/92 BStBl. 1996 II S. 77

BFH v. 19.10.2005 - I R 48/04 BStBl. 2006 II S. 334

BFH v. 14.10.2015 - I R 20/15

.